FRANCISCO FAUS

A INVEJA

3ª edição

QUADRANTE

São Paulo
2023

Copyright © 2000 Quadrante Editora

Capa
Provazi Design

Dados Internacionais de Catalogação na Publicação (CIP)

Faus, Francisco
  A inveja / Francisco Faus — 3ª ed. — São Paulo: Quadrante, 2023.
  ISBN: 978-85-7465-507-9 (Virtudes)
  ISBN: 978-85-7465-506-2 (Francisco Faus)

1. Inveja 2. Vida cristã I. Título

CDD-241.3

Índice para catálogo sistemático:
1. Inveja: Moral cristã 241.3

Todos os direitos reservados a
QUADRANTE EDITORA
Rua Bernardo da Veiga, 47 - Tel.: 3873-2270
CEP 01252-020 - São Paulo - SP
www.quadrante.com.br / atendimento@quadrante.com.br

SUMÁRIO

PÓRTICO 5

Primeira parte:
O VÍCIO DA INVEJA

VERDADEIRAS E FALSAS INVEJAS.......... 9

RAÍZES E FRUTOS DA INVEJA................ 23

Segunda parte:
LUZ DO OUTRO LADO DA INVEJA

PORTAS DA FELICIDADE 43

PRIMEIRA PORTA: A GRATIDÃO 47

SEGUNDA PORTA: A FIDELIDADE
À «NOSSA» VIDA 59

TERCEIRA PORTA: O AMOR GENEROSO.................................. 77

QUARTA PORTA: AS BEM-AVENTURANÇAS........................... 109

APÊNDICE 123

PÓRTICO

A inveja é triste. O invejoso é infeliz. Se deixamos esse vício tomar conta de nós, o coração perde a capacidade de alegria. A pessoa invejosa anda triste, vive amargurada. O seu coração é como um buraco negro, que engole e anula todas as alegrias que lhe batem à porta, todas as luzes de felicidade possível que o convidam a sorrir.

Não há ninguém que, voluntariamente, queira ser invejoso ou deseje passar pelos sofrimentos que a inveja traz consigo, mas infelizmente são muitos, muitíssimos, os que padecem desse mal — mesmo que não o reconheçam de modo algum — e sofrem as suas consequências demolidoras.

Se conseguíssemos extirpar da nossa alma a inveja, seríamos muito mais felizes, os nossos olhos se abririam, e passaríamos a descobrir inúmeras riquezas da vida, do mundo e dos outros que, agora, a inveja nos impede de perceber e desfrutar.

Tendo isso em conta, estas páginas sobre a inveja pretendem ser, antes de mais nada, um convite à alegria. Foram escritas com o fito de ajudar pelo menos alguns — Deus queira que o consigam! — a libertar a alma desse vício nefasto, que é como uma cerca de arame farpado a aprisionar a alma, ou como um câncer a devorar o coração.

Para isso, precisaremos, primeiro, iluminar o terreno da vida, a fim de localizar a cerca da inveja e as suas farpas; a fim de detectar as características desse tumor maligno. Disso vai tratar a primeira parte desta obra: nela, procuraremos mostrar o verdadeiro rosto da inveja, as raízes de onde nasce e os males que provoca.

A partir desses esclarecimentos, poderemos entrar numa segunda parte, que constitui o objetivo fundamental e como que o miolo destas páginas: perceber que, se formos simples, humildes e generosos, e nos deixarmos guiar por Deus, nas mesmas situações em que achamos motivos de inveja, poderemos achar motivos de agradecimento; lá onde nos sentimos desvalorizados, poderemos descobrir valores e meios de realização muito grandes; em vez de nos compararmos com os outros, aprenderemos a confrontar-nos com o nosso ideal pessoal; e, assim, deixando de andar angustiadamente atrás de uma felicidade ilusória, poderemos achar a felicidade verdadeira e compartilhá-la com os outros.

PRIMEIRA PARTE: O VÍCIO DA INVEJA

VERDADEIRAS E FALSAS INVEJAS

Que é a inveja?

Há uma definição de inveja que já é clássica: *A inveja é a tristeza sentida diante do bem do outro*[1]. Definição curta e simples, que começa por afirmar que a inveja é um tipo de *tristeza*. Mas não é uma tristeza qualquer. De modo geral, as nossas tristezas são causadas por um *mal* (pelo menos, por algo que

---

(1) *Catecismo da Igreja Católica*, n. 2539.

nós *consideramos* um mal): pode ser um acidente, um fracasso, uma doença, a perda de uma pessoa querida, etc. A inveja, pelo contrário, é causada por um *bem*, um *bem alheio*, que nós consideramos como um mal, simplesmente porque não o temos.

Quase todos os bens alheios podem ser motivo de inveja.

Podemos ficar tristes pelo que os outros *são*: alegres, simpáticos, inteligentes, fortes, hábeis, etc. A moça feia inveja a moça bonita, o baixo inveja o alto, o curto de inteligência inveja o intelectual brilhante, o desajeitado inveja o habilidoso, a solteirona inveja as casadas.

Podemos ficar tristes pelo que os outros *têm*: dinheiro, prestígio, cargos, casas, fazendas, carros, viagens, diversões.

Podemos ficar tristes por verificar — ou imaginar — que os outros são mais queridos: que recebem mais carinho, mais atenções, mais *mimo*, mais dedicação do que nós. É o grande capítulo dos *ciúmes*.

E podemos ficar tristes por causa da *felicidade* que os outros demonstram e que nós não experimentamos. «É uma desgraça sem remédio odiar a felicidade alheia», dizia São Cipriano[2].

Mas, será que todas as formas de tristeza diante de um bem alheio são inveja? Não. Há tristezas motivadas pelo bem dos outros, que embora sejam chamadas de inveja, nada ou pouco têm a ver com ela. Para ficarmos com uma ideia mais precisa, vamos considerar os traços próprios das invejas «verdadeiras» e os das «falsas».

Invejas verdadeiras

A *inveja verdadeira* sempre tem como característica o fato de que *o bem alheio*

---

(2) São Cipriano, *De zelo et livore*, n. 9.

é considerado um mal próprio, como diz São Tomás de Aquino[3]. Ficamos tristes porque esse bem não possuído nos rebaixa: diminui o nosso conceito íntimo — a imagem que fazemos de nós mesmos — ou a nossa consideração social, diminui a nossa glória, em suma, humilha-nos aos nossos olhos e aos olhos dos demais. O invejoso não suporta que os outros estejam acima dele ou sejam mais felizes ou mais queridos, e, por causa disso, dedica-lhes antipatia e até mesmo aversão.

Essa inveja verdadeira é quase sempre uma tristeza inconformada — queixumenta, soturna ou irada —, que umas vezes leva ao pessimismo e acaba, doentiamente, na depressão e no complexo de inferioridade; outras, conduz à revolta: contra Deus e contra o mundo, contra a vida e a sociedade, contra tudo e

---

(3) São Tomás de Aquino, *Suma Teológica*, II-II, q. 36, a. 1.

contra todos; ou ainda precipita numa psicose alucinada de competitividade, que faz a pessoa viver só em função dos outros — das outras —, com comparações contínuas e esforços desesperados para não ficar por baixo desse colega, daquela amiga, dos parentes da mulher, do vizinho de apartamento, do amigo do clube; e, por fim, pode descambar em raiva contra a pessoa invejada: chega-se a odiá-la até ao ponto de lhe desejar ou inclusive de lhe provocar o mal, de ter satisfação ao vê-la em dificuldades, e decepção ao vê-la prosperar[4].

Invejas disfarçadas

Esses são, ordinariamente, os rasgos principais da inveja verdadeira.

Mas são traços que, às vezes, ficam mascarados, porque existem formas

---

(4) Cf. São Gregório Magno, *Moralia*, 31, 45.

disfarçadas de inveja, que se escondem por trás de sorrisos afetuosos e palavras amáveis: simpáticas manifestações que não passam da cobertura hipócrita de uma tristeza e uma raiva escondida, como brasa na cinza, que só quer prejudicar, por inveja, a quem finge estimar e até proteger.

Um colega invejoso, por exemplo, pode desencorajar *afetuosamente* um companheiro de aceitar uma proposta da empresa — vantajosa em todos os sentidos —, alegando que é uma armadilha para pô-lo para fora uns meses depois; ou tentando convencê-lo de que os horários do novo trabalho serão estafantes e lhe impedirão prosseguir os estudos de pós-graduação que está realizando.

Todos conhecemos um tipo de comentários, *carinhosos* e afavelmente condescendentes, que não passam de farpadas venenosas de inveja: «Fulana é muito boa, mas, coitada, é tão curtinha de cabeça! Seria ótima em outra coisa, outro trabalho; mas, para *isso*, apesar da sua boa vontade, acho que não tem jeito mesmo»; ou, então: «Olhe, querida, não é por mal — é pensando no seu bem —, mas esse rapaz não lhe convém. É uma pena, sendo tão bom e tão bem situado na vida, mas andam falando umas coisas dele por aí, que não sei, não sei..., acho melhor ir com cautela, não se envolver...»

Mais dolorosos são certos comentários negativos de alguns que, com pretensas razões espirituais, visam afastar pessoas boas de participar de entidades cristãs ou de atividades apostólicas — abençoadas por Deus e louvadas pela Igreja —, simplesmente porque lhes provocam inveja: uns ciúmes que os levam a ter e a divulgar preconceitos contra essas entidades ou atividades, a aceitar por vezes calúnias infames contra elas como se fossem verdades, e a denegrir —

sem ter-se dado ao trabalho de as conhecer melhor, de informar-se objetivamente — obras e pessoas que deveriam olhar com afeto cristão.

Desse teor, exatamente, era a inveja dos «piedosos» fariseus em relação a Jesus: *Dá glória a Deus!*, diziam eles ao cego de nascença que Cristo acabava de curar (cf. Jo 9). *Nós sabemos que esse homem* — Jesus — *é um pecador*. Cheios de aparente bondade, queriam «livrar» o pobre cego da «má companhia» de Cristo: *Sabemos bem que Deus falou a Moisés, mas este* — Jesus — *não sabemos de onde é...* Não faltam, hoje em dia, infelizmente, bons católicos que experimentam dolorosamente na carne a queimadura dos falatórios invejosos dos «piedosos caluniadores».

Falsas invejas

Mas existem também *invejas falsas*, que convém distinguir das verdadeiras, justamente para entender melhor estas últimas.

Há uma forma dessas pseudo-invejas que poderia confundir-se com a inveja pessimista e deprimida acima mencionada. No entanto, é diferente. Poderíamos chamá-la *inveja melancólica*. São Tomás, sem lhe dar esse nome, descreve-a bem: «Pode-se ter tristeza diante do bem alheio não porque o outro possua esse bem, mas apenas porque o bem que ele tem nos falta a nós»[5]. Quer dizer, não temos pena de que o outro esteja bem ou seja feliz; estamos até contentes de que possua tais bens e qualidades, e não lhe desejamos mal nenhum; só ficamos tristes por nós não termos as mesmas coisas que admiramos nele.

Essa tristeza poderia tornar-se maligna se descambasse para o desânimo, a falta de fé e de esperança, o complexo

---

(5) *Suma Teológica*, II-II, q. 36, a. 2.

de fracasso; mas, em si mesma, pode ser até *louvável* — na expressão de São Tomás —, se for uma *aspiração*, mais do que uma tristeza amarga.

É interessante lembrar que São Paulo, falando de diversos bens espirituais de que gozavam alguns fiéis da primitiva comunidade de Corinto, espicaçava a todos com estas palavras: *Aspirai aos dons espirituais* (1 Cor 14, 1), *aspirai aos dons superiores* (1 Cor 12, 31). É evidente que não recomendava a inveja. Recomendava, sim, a virtude da *emulação*, que é a qualidade dos que se deixam incentivar pelos bons exemplos dos outros e *aspiram* honestamente a imitá-los.

Mais falsas invejas

Há ainda uma outra pseudo-inveja — além da melancolia e da emulação — que não é pecado, mesmo que o pareça. É a sacudida de dor, tristeza e indignação que nos causa contemplar pessoas que enriqueceram ou galgaram cargos e posições por meios imorais: injustiças, mentiras, fraudes, roubos, suborno, tráfico, apadrinhamentos desonestos.

Trata-se, como na inveja verdadeira, de uma tristeza diante do bem alheio: ficamos tristes porque alguém conseguiu determinados bens. Mas, na sua essência, essa tristeza nada mais é do que a *justa indignação* contra o mal e a injustiça. Se ficássemos tristes *só* porque os outros triunfaram e subiram mais do que nós, seríamos invejosos; mas se nos entristece — e nos indigna — constatar que os corruptos, os falsários, os mentirosos e os exploradores vencem, prosperam e sobressaem — com prejuízo dos honestos e dos justos —, então estamos praticando a virtude do *zelo*, que nasce do amor à verdade e ao bem.

Assim era a indignação de Cristo contra a prepotência dos escribas e fariseus hipócritas, que se serviam da sua posição de mestres da Lei de Deus para enganar o povo e aproveitar-se dele (cf. Mt 23, 2 e segs.).

Neste caso da justa indignação, só pecaríamos se, além de indignar-nos movidos pelo amor à verdade e ao bem, nos deixássemos arrastar pelo ódio contra a *pessoa* que cometeu a injustiça. O espírito cristão que devemos praticar está bem claro: detestar e combater o erro, mas amar a pessoa que erra, desejando que se converta e se salve.

Em suma, as pseudo-invejas que acabamos de examinar têm como denominador comum um autêntico amor do bem: do bem que nos anima ver, em uns, como exemplo; e que nos dói ver, em outros, aviltado.

Nada disso se dá com a inveja ruim, a *verdadeira*. Em vez do amor ao bem e à perfeição, o invejoso tem o amor à glória e à exaltação pessoal; em vez da benevolência para com os outros, tem ânsias de derrubar aquele que lhe faz sombra; e em vez de arder no zelo contra o mal, consome-se em ódio contra o bem.

RAÍZES E FRUTOS DA INVEJA

Raízes da inveja

A inveja é como uma árvore, que tem raízes e frutos. Já dizia Aristóteles, com muito acerto, que a inveja procede da vanglória[1]. São Gregório Magno, por sua vez, lembrava que a vanglória é a filha principal do orgulho[2]. Aí, no orgulho e na vanglória, temos as raízes da inveja.

Convém entender que a vanglória, ou seja a *glória vã*, é o vício que têm aqueles que, acima de tudo, desejam brilhar, destacar-se, salientar-se, ser *mais* do que

---

(1) Aristóteles, *Retórica*, 2, c. 9, n. 5.
(2) São Gregório Magno, *Moralia in Job*, c. 45.

os outros. Gente que não procura o bem, mas o brilho.

As pessoas boas, simples e honestas, têm aspirações legítimas de progredir — e lutam nobremente para isso —, sentem a justa satisfação de ganhar posições mais altas, conquistadas por sua competência e empenho perseverante, estão felizes de poder proporcionar aos filhos um futuro melhor.

Mas — e esse *mas* é importantíssimo —, para elas, subir, conquistar o apreço e a confiança, obter cargos, não é uma *meta*, não é *o objetivo* da vida; é apenas uma *consequência* natural, justa por certo, do seu amor ao trabalho bem feito, ao dever bem cumprido, quer seja o dever familiar, o profissional ou o social. As *glórias* coroam nelas o mérito, florescem naturalmente, mas não são questão de vida ou morte. Essas pessoas continuariam a trabalhar, a cumprir o dever, a realizar com amor a sua missão, mesmo que não houvesse glória humana nenhuma nem agradecimento nesta terra. Basta-lhes o prêmio da boa consciência e a aprovação e o sorriso de Deus.

Para os orgulhosos, para os vaidosos, pelo contrário, a *glória* é uma *meta* que está acima de tudo. Têm que vencer, têm que subir, têm que sentir-se superiores aos outros... Por isso, se não podem subir por mérito próprio, caem na tentação de subir por meio de trapaças, aparências e fingimentos; ou pelo sistema de ficar por cima à base de afundar o outro.

Frutos da inveja: a maledicência

Sendo isso assim, não estranha nada que os filósofos e os santos sejam unânimes em apontar, como um dos principais frutos da inveja, a *maledicência*.

São Josemaria Escrivá, fazendo-se eco dessa apreciação, dizia: «A maledicência é filha da inveja; e a inveja, o refúgio dos infecundos»[3].

A experiência nos mostra que muitos daqueles que não conseguem subir e brilhar, se dedicam a demolir prestígios alheios, a rebaixar famas e méritos, para assim se sentirem situados mais alto. O infecundo, aquele que não se esforçou nem teve méritos para conquistar os bens a que aspirava, sente a necessidade de destruir com a língua e — se pode — com os atos aqueles que o superam.

Fala mal, lança suspeitas, semeia insinuações, espalha acusações falsas, despreza ou ridiculariza — com os seus comentários — o que merece louvor. O invejoso focaliza sempre o lado negativo, a pequena sombra escura que há mesmo nas honestidades mais íntegras e nos prestígios mais sólidos; e com isso

---

(3) Josemaria Escrivá, *Sulco*, Quadrante, São Paulo, 3ª ed., 2014, n. 912.

tenta — e às vezes consegue — abalar a boa fama que outros possuem merecidamente, para assim, sobre a tinta negra das suas maledicências, brilhar ele mais intensamente.

Com palavras fortes, mas justas, o Pe. Bernardes, há quase quatro séculos, escrevia a respeito desses pobres invejosos: «Os miseráveis em cujo coração se embrenha a serpente da inveja..., o bem alheio têm por mal próprio, e não podem conter-se que não falem mal da pessoa invejada, vomitando contra ela detrações e calúnias»[4].

Outro fruto da inveja: a competição vaidosa

Ao lado da maledicência, podemos apontar como fruto da inveja a *má competição* ou *competição vaidosa*. Dizemos

---

(4) Pe. Bernardes, *Nova Floresta*, verbete «Inveja».

má e *vaidosa*, porque há uma competitividade boa — no trabalho, no esporte, no comércio, na indústria, na arte, etc. —, que é uma força positiva de aprimoramento e de progresso material, cultural e espiritual; essa boa competitividade, lealmente praticada, não é outra coisa senão aquela virtude a que chamávamos antes *emulação*.

Ninguém ignora, porém, que há uma competitividade ruim, e é provável que — uns mais, outros menos — já tenhamos tido que padecê-la. É, por exemplo, a competitividade vaidosa da mulher que sempre está a comparar-se com a mulher de Fulano, com a esposa de Sicrano; e, se não pode comprar o mesmo tipo de roupa, de sapatos, de perfume, de carro que a outra tem, fica desvairada, deixa louco o marido com gastos e exigências desorbitadas, ou resolve amontoar mais dinheiro *seu*, dedicando sem necessidade horas e horas a um trabalho voltado para a satisfação da «vaidade comparada», com grave abandono do lar.

A mesma coisa poderia dizer-se de muitos filhos, dominados pela frivolidade e pela vanglória, que tornam impossível a vida dos pais, exigindo — com lágrimas, com ira, com gemidos de vítima ou comentários humilhantes — que lhes comprem o que outros colegas consumistas têm e os pais deles não podem comprar.

E no ambiente profissional? Não vamos ser radicais e dizer, como afirmava um meu amigo, que os ambientes de trabalho — oficina, escritório, departamento de faculdade ou de colégio, redação de jornal, etc. — são *ringues* da inveja, onde se desenrola uma contínua luta de boxe, ou melhor, de artes marciais com a regra do vale-tudo. Mas é verdade que não raro grassam nesses ambientes, como erva daninha, as maquinações da inveja: além da maledicência, os mexericos, os conchavos, as rasteiras, a ocultação de informações ou de decisões, a manipulação de dados, os «esquecimentos» propositados («esqueceu-se» de convocar, de avisar uma reunião, de comunicar a chegada do presidente, etc.), para, desse modo, ir deixando à margem as pessoas que, por inveja, se desejaria apagar.

Uma expressão corrosiva dessa inveja entre colegas são as seguintes frases de Gore Vidal, citadas em artigo de Sérgio Augusto: «Toda vez que um amigo meu faz sucesso, eu morro um pouco», e «Não basta ser bem-sucedido; os outros também precisam fracassar»[5].

Contemplando essas invejas, o psicólogo Moacyr Castellani fazia um lúcido diagnóstico, que transcrevemos, e que convida a meditar:

---

(5) Cf. *O Estado de S. Paulo*, 19.02.2000, p. D7.

«Em vez de competir como forma de desenvolvimento, as pessoas se tornam rivais. Em vez de realizarem o melhor de si, desejam ser as melhores. Em vez de superarem seus limites, enfatizam suas próprias qualidades. Não buscam um resultado em comum, tornam-se demasiadamente egoístas. Num ciclo infinito rumo ao sucesso e ao reconhecimento, fecham-se para os próprios princípios, isolam-se em um ambiente frio e hostil [...]. O verdadeiro compromisso é com a construção de uma vida coerente com aquilo que somos. A competição é interna. O desafio está na superação dos próprios limites»[6].

O pior fruto da inveja: o ódio à bondade

Após contemplarmos dois frutos da inveja — a maledicência e a competição

---

(6) *A batalha em busca do poder*, em *Estado de Minas*, 19.03.2000, p. 14.

vaidosa e ambiciosa —, chegamos ao terceiro, o mais perverso de todos: o ódio à bondade.

Vão-me desculpar se trago à tona o comentário sobre esse mau fruto, que fazia, com expressões um tanto chocantes, um jornalista velho, rude e curtido nas lides profissionais.

Dizia-me esse amigo: «O porco, para não se sentir humilhado, precisa transformar o mundo num chiqueiro, porque, se "provar" que todos são porcos..., então ser porco é o normal».

Com essas frases cruas, referia-se a um fenômeno atual e crescente: à campanha, atiçada sobretudo pela mídia — jornais, revistas, televisão, cinema, internet —, de exaltação de atitudes e comportamentos objetivamente imorais, depravados, perversos, que se teima em apresentar como normais, modernos, positivos e desejáveis: desde o marketing pornográfico e o lenocínio eletrônico, até a iniciação sexual prematuríssima de crianças e adolescentes em programas e consultórios de *famosas* da TV; e aborto por atacado, e infidelidade conjugal — basta passar ocasionalmente os olhos e os ouvidos por qualquer telenovela —, e «casamento» de homossexuais...; enfim, uma libertinagem sem nenhum freio de valores, já não apenas religiosos ou morais, mas de respeito mínimo à dignidade do ser humano.

E, paralelamente a essa campanha de exaltação insensata do perverso, do anormal e do podre, fazia notar o meu bom amigo que avançam os vagalhões de uma outra campanha, empenhada em conspurcar, seja como for, figuras íntegras do passado e do presente, que gozam de justa fama de honestos, de bons e até de santos.

Procurando derrubar esses referenciais de bondade, procurando provar que a pureza e a santidade não existem na vida real, os devassos, os malignos e os infames sentem-se melhor. Eles trazem espetado na alma o espinho da inveja, em forma de *tristeza raivosa do bem alheio,* da *bondade* dos outros, porque esta os acusa, os repreende silenciosamente. Para livrar-se desse mal-estar, decretam então que a bondade moral e a santidade não existem, e que se alguns parecem íntegros e santos, na realidade são uns hipócritas, e cá estão eles — os caluniadores — para prová-lo.

Um atrás do outro, vêm aparecendo livros, artigos, programas televisivos, entrevistas, ensaios «históricos», etc., cujo único objetivo é denegrir, «provando» mediante a *manipulação* de dados e de testemunhas — ou com a calúnia pura e simples — que quem parecia bom não o é, quem parecia puro é o mais sujo, e quem parecia santo é um falso. Baste citar dois fatos recentes.

A santidade agredida

Uma conhecida e poderosa emissora de televisão britânica lançou ao ar há alguns anos um programa destinado a desacreditar a Madre Teresa de Calcutá. A abnegada e humilde servidora de Deus nos *mais pobres entre os pobres* aparece no tal programa como uma «demagoga, obscurantista, escrava dos poderes terrenos, propagandista de causas reacionárias...» É confortador constatar que o jornal laico *Times* de Londres reagiu com o seguinte comentário: «Uma das provas da santidade é a magnitude da ira que provoca entre os que a rejeitam»[7].

Um segundo exemplo de aversão à santidade é o recente livro de um badalado escritor escandinavo que, a pretexto

---

(7) Cf. Miguel Ángel Velasco, *Madre Teresa de Calcutá*, Quadrante, São Paulo, 1996, pp. 10-12.

de fazer um «romance histórico», põe na boca da antiga amante de Santo Agostinho críticas dilacerantes contra o santo, que a teria abandonado com frio e repulsivo egoísmo. Um dado interessante deve ser salientado: sabe-se, por outras obras do mesmo escritor, que ele, pessoalmente, é fervoroso defensor do divórcio. Sendo assim, impõe-se uma conclusão: para esse autor, é coisa boa e louvável um marido largar a mulher, sempre que seja para trocá-la por outra mulher; mas é um crime inaceitável um amante largar a concubina e trocá-la por Deus, pelo amor e a fidelidade a Deus. Não parecem precisos muitos comentários.

Estamos aqui perante um tipo de inveja «destilada e envelhecida em corações degenerados», que se transformou em ódio puro. Os invejosos comuns ficam tristes porque desejariam eles possuir as coisas boas dos outros, pois acham mesmo que são boas. Os odientos de que estamos a falar, não. «Sentem», no fundo da alma, que os valores morais são «coisas boas», mas não querem retificar, converter-se e mudar. Por isso os valores morais os deixam tristes e revoltados: intranquilizam-lhes a consciência. Daí o ódio contra esses valores e contra os que se esforçam por vivê-los. No fundo, o ódio contra a Verdade e o Bem.

Com razão se tem qualificado essa inveja como «o pecado diabólico por excelência»[8], porque é a inveja própria de Satanás. *É por inveja do demônio que a morte entrou no mundo*, diz o Livro da Sabedoria (Sb 2, 24). Com efeito, foi por inveja da felicidade dos nossos primeiros pais que o diabo os incitou a afastar-se do Senhor — *sereis como deuses* —, desobedecendo aos seus preceitos e precipitando-se no pecado, na dor e na

---

(8) Santo Agostinho, *De catechizandis rudibus*, 4, 8.

morte (Gn 3, 1-7). Esse afundamento é o júbilo de Satanás.

Não nos esqueçamos de que foi Satanás também quem fez de tudo para tentar desviar Cristo da sua missão salvadora (Mt 4, 1 e segs.), foi ele quem instilou o ódio contra Jesus no coração dos que o levaram à morte na Cruz. Bem percebeu Pilatos, desde o início do processo, que — como diz o Evangelho — *tinham entregue Jesus por inveja* (Mt 27, 18).

Assim fazem os invejosos odiadores da santidade. E, a essa aversão ao bem e aos bons, ainda acrescentam, com a sua consciência deformada, mais um tipo de inveja, que é característica dos que detestam a honradez e a bondade: *a inveja do mal*, da esperteza maligna e dos vícios dos que são piores do que eles. Trata-se da «competividade no mal», daquela espécie mórbida de inveja, que tão ironicamente fustigava o poeta Antonio Machado:

*A inveja da virtude
fez de Caim criminoso.
Glória a Caim!
Hoje é o vício
o que inveja o invejoso*[9].

Éramos insensatos...

Escrevendo a Tito, São Paulo lembra-se de como eram, ele e outros muitos, antes de abraçarem a fé de Cristo: *Éramos insensatos..., vivendo na malícia e na inveja* (Tt 3, 3). *Insensatos*: eis a palavra exata para qualificar os que vivem *na inveja*.

A insensatez dos invejosos — pensamos agora nos invejosos *comuns* — consiste em que se atolam num engano fatal: achar que a felicidade está, por assim

---

(9) «*La envidia de la virtud / hizo a Caín criminal. / Gloria a Caín! Hoy el vicio / es lo que se envidia más*» (em *Poesias completas*, Espasa-Calpe, Madri, 1946, p. 207).

dizer, *na casa dos outros*. A lógica do invejoso é esta: «Se eu tivesse o que Fulano tem, seria feliz». Será?

Vamos supor que o conseguisse. Podemos estar certos de que ficaria sofrendo por não possuir os bens de que desfruta Sicrano, e, supondo que também os conquistasse, se consumiria por dentro por carecer dos bens que amealhou Beltrano, e assim por diante...

Já um século antes de Cristo, o poeta latino Horácio, na sua primeira sátira, dedicada ao seu protetor Mecenas, dizia: «Por que, Mecenas, não há ninguém que esteja contente com a sua sorte, quer a tenha conquistado por seus méritos, quer lhe tenha vindo fortuitamente, e julga felizes os que têm vida diferente?... Raramente acharemos um homem que diga ter vivido feliz e que, ao terminar o tempo de vida, parta satisfeito *ut conviva satur*, como um convidado saciado».

Enquanto ficarmos olhando para os outros e nos deixarmos morder pelo vício da comparação, pelo verme da inveja, perderemos a felicidade, tal como um balde furado deixa escapar a água. É preciso achar o *nosso modo* de ser felizes, é preciso encontrar a felicidade que *Deus preparou para nós*. É preciso, diria, achar caminhos de vida que avancem em sentido contrário ao da inveja. Se o da inveja conduz à tristeza, deve haver outros que encaminhem para a felicidade. É precisamente isso o que procuraremos descobrir na segunda parte — a mais ampla — desta obra.

Segunda parte:
Luz do outro lado da inveja

PORTAS DA FELICIDADE

Encontrava-me certa vez numa casa de campo cuja ampla sala se abria para o jardim através de três grandes portas envidraçadas. Só uma delas estava fechada. De repente, entrou na sala, como um relâmpago verde, um beija-flor. Ao ver-se preso, lançou-se para a luz e tentou voltar ao ar livre. Infelizmente, escolheu para isso a porta errada, a única fechada, e teimou em atirar-se contra os vidros com tal obstinação que, poucos minutos depois, caía no chão meio morto.

Agora, ao lembrar-me dele, esse pobre pássaro parece-me o símbolo do invejoso, que se empenha a vida inteira em procurar a felicidade pela porta errada, a que dá para a vida dos outros; bate, teima, investe e cai aturdido, como o beija-flor.

Na sala da vida, se o invejoso se desgrudasse dessa porta fechada e olhasse para os lados, descobriria, surpreendido, que há outras quatro portas, grandes e ensolaradas, que estão abertas e o convidam a sair, para percorrer caminhos onde se encontrará a si mesmo, onde encontrará a vida e a alegria.

Para facilitar a nossa reflexão, podemos imaginar que cada uma dessas portas tem um nome, gravado numa tabuleta; e que, debaixo dela, há uma placa com uns dizeres explicativos.

A *primeira porta* ostenta na tabuleta a seguinte inscrição: PORTA DA GRATIDÃO; e na placa lê-se: *Na vida, em vez de motivos de inveja, temos motivos de gratidão.*

A *segunda porta* tem uma tabuleta que diz: PORTA DA FIDELIDADE À «NOSSA» VIDA, e a placa esclarece: *Em vez de invejar o campo do vizinho, valorizemos e cultivemos o nosso.*

A *terceira porta* reza, na tabuleta: PORTA DO AMOR GENEROSO, e explica em baixo, na placa: *Em vez de fazer dos outros fonte de tristeza para nós, façamos deles fonte de alegria e sejamos nós também fonte de alegria para eles.*

E a quarta porta traz, na tabuleta, a inscrição: PORTA DAS BEM-AVENTURANÇAS. Também tem um cartaz: *Em vez de perder-nos em felicidades ilusórias, descubramos o segredo da felicidade verdadeira, que Cristo nos ensinou.*

Vale a pena tentarmos abrir cada uma dessas portas para olhar através delas. Deus faça que, além de olhar, nos decidamos a enveredar pelos caminhos que elas nos mostram.

PRIMEIRA PORTA: A GRATIDÃO

Quebrando uma obsessão

Quando, movidos pela inveja, pensamos muito nas coisas que não temos, acabamos esquecendo-nos das muitas coisas boas que temos. E isso é péssimo: além de ser injusto, faz-nos mal.

Seria muito positivo que, de vez em quando, parássemos para meditar e, pegando num papel, escrevêssemos duas listas.

Poderíamos começar fazendo a lista das coisas boas que Deus nos deu. Anotaríamos de início, por exemplo, as maravilhas da criação material — as árvores, os rios, o mar, o céu, os animais, as plantas... —, das quais desfrutamos a toda a hora quase sem reparar. Prosseguiríamos anotando o grande bem da vida — podíamos não existir —, com todos os dons naturais e sobrenaturais (a fé, a graça, etc.) que Deus derramou sobre nós. A seguir, faríamos o elenco de todas as pessoas boas e dignas de amor e gratidão que estão perto de nós. Não deixaríamos de registrar os acontecimentos da vida em que a proteção de Deus, de Nossa Senhora, dos anjos, dos santos, foi clara, palpável. Acrescentaríamos a isso tantas ocupações, trabalhos e atividades que amamos; e mais os nobres prazeres da música, da arte, dos esportes... Quantas coisas não temos para agradecer a Deus e àqueles que nos amam!

Na outra lista — por contraste —, anotaríamos os sofrimentos, doenças, limitações, deficiências físicas e psíquicas, fome, sede, solidão, pavores..., que observamos na vida de muitas outras pessoas, e que nem tocaram na nossa. Esse elenco também seria interminável. Se porventura não o «vemos» tão grande, basta que façamos uma visita ao pronto-socorro e às enfermarias dos grandes hospitais públicos; outra a um hospital ou pavilhão do câncer, começando pelo setor infantil; outra a uma clínica psiquiátrica ou ao manicômio judiciário; e, além disso, demos uma volta pelas ruas de qualquer grande cidade, registrando toda a pobreza, miséria e abandono que detectarmos nelas. É bem provável que então «vejamos».

E, além de «ver», começaremos a sentir vergonha quando nos surpreendermos a gemer, a olhar para a casa do vizinho, e a reclamar: — «Eu não tenho o carro que ele tem! Eu nunca fui a Cancún! Eu não tenho aquela posição na firma! Sou um infeliz!»

As antigas avós — e algumas das modernas —, quando os netos ficam muito *reclamões*, dizem-lhes: — «Não reclames, menino! Olha que Deus vai-te castigar!»

Deus não costuma castigar assim os meninos que reclamam, mas as avós fazem bem em alertá-los, porque é penoso resmungar de inveja quando há milhões de coisas que agradecer.

Voltando às listas, ainda estaria faltando um elenco paradoxal de motivos de ação de graças. Essa lista é aparentemente absurda, a não ser que se tenham os olhos da fé e do amor cristão. Porque consiste em anotar, como motivos de gozoso agradecimento a Deus, todas as cruzes, contrariedades e sofrimentos com que Ele nos abençoou. O bom filho de Deus, que confia no seu Pai, sabe que essas dores nos elevam, nos limpam, nos purificam, tornam maduro o nosso amor e fazem crescer as nossas virtudes.

Por isso São Paulo afirma, com grande alegria: *Todas as coisas concorrem para o bem dos que amam a Deus* (Rm 8, 28). Mas haveremos de voltar a isto um pouco mais adiante.

Quem começa a habituar-se a entrar pela porta da gratidão e se torna *agradecido* — *Sede agradecidos!*, instava São Paulo (Cl 3, 15) — experimenta uma fantástica iluminação na alma. Acontece-lhe como se tivesse apertado um botão no escuro e, de repente, inúmeras luzes se tivessem acendido sobre a noite das antigas invejas, até formarem a bela constelação das graças, das pessoas e das coisas que nos fazem bem, que nos trazem amor, alegria, consolo e estímulo para viver, para lutar, para melhorar.

Se enxergássemos essa noite iluminada, passaríamos a vida a cantar *sine fine*, sem fim, com a liturgia da Igreja: *Na verdade, é justo e necessário, é nosso dever e salvação dar-Vos graças sempre e em todo lugar, Senhor, Pai santo, Deus eterno e todo-poderoso.*

Acho o mundo muito bom

As pessoas que têm olhos puros para ver e coração generoso para agradecer são muito mais felizes do que as que nada percebem porque padecem de *torcicolo moral*, aquele torcicolo da inveja, que consiste em ter sempre a cabeça virada de lado — doendo! — a olhar para a vida dos outros.

Lembro-me de que, em maio de 1974, durante a estadia de São Josemaria Escrivá em São Paulo, chegou à casa onde se hospedava — e onde eu tive a felicidade de residir também — um grande buquê de rosas. Vinha acompanhado de uma carta de Dona Leopoldina, uma afável anciã de 84 anos, que acabava de participar de um encontro com São Josemaria. A carta dizia assim:

«Estou a ditar estas palavras, porque não tenho condições de saúde para escrever pela minha própria mão, para lhe dizer que hoje foi um dia de grande alegria. Poder vê-lo e ouvi-lo pessoalmente, e além disso beijar-lhe a mão, foi um motivo de enorme felicidade e dou graças a Deus por isso.

«Antes da sua vinda ao Brasil e ao longo destes dias tenho pedido muito a Deus que esta viagem produza os frutos que o Padre deseja.

«Sou portuguesa de nascimento, mas brasileira de coração; amo muito o Brasil, e todos os meus filhos, netos e bisnetos são brasileiros. Tenho 84 anos e agradeço a Deus ter chegado até esta idade e tudo o mais que me concedeu.

«Estou alegre com a vida, e muito feliz. Acho o mundo muito bom, creio muito em Deus e na Virgem

Maria, e sei que nada somos sem Ela. Rezo muito pelo Opus Dei. Tenho-lhe muito carinho e vibro por ele. Todos os dias rezo particularmente pelo Padre. Entendo que a Obra é uma coisa muito boa e estou muito feliz de que a minha filha siga esse caminho. Juntamente com estas flores, envio-lhe o meu agradecimento e peço-lhe uma Ave-Maria; será muito valiosa».

Almas como a de Dona Leopoldina fazem-nos dar graças a Deus. E que lição nos dão! Uma imigrante portuguesa, que experimentou, muito provavelmente, a dureza das lutas, das incertezas e sacrifícios de quem abre caminho num novo país, e que, já no final da jornada terrena, só vê motivos para dar graças a Deus e sentir-se feliz!

Também pelos benefícios que não conheço

Não sei se Dona Leopoldina, à sua idade, estava em condições de ler os escritos do Fundador do Opus Dei, a quem dedicava tanto carinho. Se o fazia, tenho a certeza de que terá acrescentado às suas felicidades mais esta: a de sentir-se em plena sintonia com um santo.

Porque São Josemaria era uma alma que viveu agradecendo tudo a Deus; eu diria que viveu mergulhado numa perpétua ação de graças. Com o fulgor da fé, reconhecia a mão de Deus em todas as coisas — nas que parecem boas e nas que parecem más — e dizia, sereno e feliz: «De Deus não me pode vir mal algum».

Por isso, não se cansava de agradecer: «Se as coisas correm bem — escrevia —, alegremo-nos, bendizendo a Deus que dá o incremento. — Correm mal? — Alegremo-nos, bendizendo a Deus que nos faz participar da sua doce Cruz»[1]. Nunca encontrava motivos para se queixar ou para se sentir infeliz, e assim o dizia, com a maior simplicidade: «Eu não me tenho sentido infeliz nunca».

Era costume de Mons. Escrivá rezar diariamente uma oração, agradecendo a Deus «todos os vossos benefícios, *etiam ignotis* — também os que não conheço». Por isso era feliz. «Que estejam tristes — costumava repetir — os que não sabem que são filhos de Deus», os que não se sabem amados por Deus.

Porta da gratidão! Uma magnífica porta de acesso à felicidade. A pessoa agradecida, quando olha de relance para a vida do vizinho e sente, talvez, um

---

(1) Josemaria Escrivá, *Caminho*, Quadrante, São Paulo, 10ª ed., 2015, n. 658.

frêmito de inveja percorrer-lhe a alma, corta-o logo pela raiz e comenta em seu íntimo com um sorriso: «Tenho tanto que agradecer, que não tenho tempo para invejar».

SEGUNDA PORTA: A FIDELIDADE À «NOSSA» VIDA

A balança e o altímetro

Acabamos de considerar que todos nós recebemos muitas coisas boas, que são motivo de ação de graças. Mas esse pensamento não é completo. Na realidade, deveríamos dizer que recebemos de Deus *todas* as coisas que são necessárias para a nossa *realização*. Esta afirmação, que parece ser apenas uma frase de efeito, encerra uma grande verdade. Vale a pena pensarmos um pouco nela, pois aí se abre outra porta para a felicidade.

Para começar, convém lembrar mais uma vez que a inveja não só ataca o coração com sentimentos de tristeza, mas também prejudica o pensamento, o modo de *ver* a vida. O invejoso *vê* a sua realização de uma maneira errada, porque mede o valor da vida e das coisas — para dizê-lo graficamente — usando a *balança* e o *altímetro*.

Mede com a *balança*, porque avalia a sua realização pela *quantidade* de coisas que consegue acumular, ganhar, conquistar, e as compara — como quem pesa numa balança — com as que os outros têm. «Se eu conseguisse — pensa — o que Fulano tem, se eu ganhasse tanto como Sicrano ganha, se eu tivesse a saúde, a simpatia, a capacidade de comunicação de Beltrano, se eu tivesse a namorada de X, se eu tivesse o marido de Y; se eu fosse magro, forte, atlético, alto, hábil, engraçado, bom de voz, etc., como tais e tais outros, ah!, então seria feliz, eu me sentiria realizado».

O invejoso também tem o defeito de medir com o *altímetro*: calibra a sua realização pelo metro de estar ou não por cima dos outros; e sente-se amargurado porque não alcançou a altura social, o nível profissional, a posição elevada, a categoria, os pínçaros da glória que outros escalaram.

A sua mentalidade é a do *déficit*: somente pensa no que lhe falta. Por isso, a vida lhe parece sempre devedora, incompleta, falha. E assim, de tristeza em tristeza, de amargura em amargura, acaba por menosprezar essa *sua* vida que considera frustrada.

Com isso, deixa de contemplar o mais importante: os valores e possibilidades — verdadeiros tesouros — que Deus colocou na *sua vida real*, como sementes que podem germinar, crescer, multiplicar-se e dar uma esplêndida colheita.

A horta de Mendel

Uma comparação poderá ajudar-nos a aprofundar nestas reflexões.

Qualquer pessoa medianamente culta ouviu falar da genética de Mendel. Poucos, porém, conhecem a vida desse famoso cientista.

Nascido em 1822, fez-se monge agostiniano e foi ordenado sacerdote em 1847. Biólogo apaixonado pela pesquisa, tentou ser admitido para trabalhar na universidade alemã, mas foi em vão: fecharam-lhe todas as portas.

Que poderia ter feito? Ao achar-se sem campo de trabalho, sem meios, sem instrumentos adequados, podia ter desanimado, resignar-se e renunciar à pesquisa, enquanto olhava com inveja os que haviam tido mais sorte que ele e podiam desenvolver as suas capacidades num ambiente propício: as universidades, os grandes laboratórios, as fazendas experimentais.

Ele, porém, não reagiu assim. Pelo contrário, pacientemente, alegremente, discretamente, escolheu um cantinho do jardim do mosteiro agostiniano de Brünn, e lá — numa pequenina horta — começou a fazer as suas experiências com ervilhas. Dessas experiências, que duraram anos, nasceram as famosas *leis de Mendel*, que fazem com que o humilde monge Gregor Johann Mendel seja universalmente reconhecido como o pai da genética contemporânea, e que o seu nome brilhe no firmamento da ciência na mesma altura que os nomes de Kepler, Copérnico ou Newton.

Que nos ensina este exemplo? A não lamentar-nos do que não temos na vida, e a valorizar ao máximo o que temos, certos de que, ainda que pareça pouco, daí podemos tirar muito. Isto é sermos *fiéis à nossa vida*.

Acabamos de falar de Mendel. Podemos pensar num exemplo análogo.

Imaginemos um grande jardineiro japonês, daqueles que são capazes de criar um jardim admirável em cima de três pedras. Pois bem, demos a esse artista um canteirinho de dois metros quadrados para que lá faça um jardim. Nos dois metros quadrados, ele não verá uma *limitação*, mas uma *definição*. Dirá: «Bem. É *aqui*, neste recinto, que eu devo organizar um jardim? Ótimo, mãos à obra». Pensará, sonhará, deixará voar a sua alma de artista. Passado um tempo, aquele espaço reduzido deixará embasbacados todos os que o virem, e não faltará quem diga: — «Este micro-jardim tem tanta categoria como os jardins de Versailles».

Deixemo-nos, pois, de invejas, acabemos com o *torcicolo* de olhar, lacrimosos, para o campo do vizinho. Amemos o *nosso* campo: a *nossa* vida. Não digamos que temos *limites*, mas *divisas*, como os municípios, as divisas que demarcam um território ótimo em que há muito trabalho a fazer, onde se podem realizar muitas coisas belas e grandes.

Quatro canteiros

Aproveitando essas imagens, pensemos que, na *horta* da vida, pequena ou grande, todos nós temos pelo menos quatro *canteiros* que devem ser cultivados e podem produzir muitos frutos. Em cada um deles, Deus e o próximo estão à nossa espera. Os canteiros são, simplesmente, os campos dos quatro grandes deveres: o dos deveres *religiosos*; o dos deveres *familiares*; o dos deveres *profissionais*; e o dos deveres *sociais*.

Deveres *religiosos*. Perguntemo-nos se cultivamos seriamente a nossa formação religiosa e o trato pessoal com Deus. Podemos dizer que seguimos o ideal de Cristo? Há os frutos de bondade e de virtudes que poderia haver, para o nosso bem e para o bem dos que nos cercam? Muitas vezes há aí um vazio, que talvez nos pareça sem importância, mas que pode ser a raiz de muitos dos nossos erros, equívocos e males. Não nos esqueçamos de que Deus, na vida, é como a chuva na terra. Terras que parecem mortas, estéreis, quando ficam impregnadas pela chuva, transformam-se num vergel. Assim aconteceu com muitas vidas, e pode acontecer com a nossa.

Um segundo canteiro é o dos deveres *familiares*. Não vamos entrar em detalhes. Mas, achamos que na família já demos todo o fruto que poderíamos dar? Não é difícil descobrir que possivelmente estamos acomodados, passivos, adormecidos na rotina. Pobre *horta* meio abandonada! E, no entanto, poderíamos dar frutos generosos que não estamos dando: no relacionamento marido-mulher, pais-filhos; nas virtudes do lar (compreensão, paciência, espírito de serviço, abnegação, bom humor, diálogo...); nos cuidados materiais da casa; na formação dos filhos. Toda a família está sempre em processo de construção. É muito cômodo invejar outras «belas famílias» e deixar a nossa como um edifício inacabado (cf. Lc 14, 30).

Se, dos deveres familiares, passarmos para os *profissionais* — campo propício para a inveja —, deveremos lembrar que a altura de um trabalho não se mede pela importância externa do mesmo, mas pela categoria humana e espiritual da pessoa que o realiza. Um trabalho *pequeno* — como o de Mendel — pode ser fantástico, se se faz com amor: com capricho, bem feito e primorosamente acabado. «Diante de Deus — dizia São Josemaria —, nenhuma ocupação é em si mesma grande ou pequena. Tudo adquire o valor do Amor com que se realiza». E ainda: «Uma missão sempre atual e heroica para um cristão comum:

realizar de maneira santa os mais diversos afazeres, mesmo aqueles que parecem mais indiferentes»[1].

O quarto canteiro é o dos deveres *sociais*, que vão desde os deveres de amizade até o serviço ao bem comum, passando pelas obras de misericórdia em favor dos necessitados. Sem entrar também aqui em detalhes, limitemo-nos a perguntar: «Aí, não posso crescer? Será possível que não possa fazer mais nada a serviço do próximo e da coletividade?» Talvez objetemos que temos *limitações*, que não temos muito campo de ação, nem muito tempo. Certo, mas sempre há uma *horta* possível. Reflitamos.

Pessoas que admiramos sem invejar

Geralmente, as coisas que admiramos nos outros também nos despertam

---

(1) Josemaria Escrivá, *Sulco*, ns. 487 e 496.

inveja ou então emulação. No entanto, há pessoas que admiramos muito, mas não invejamos de maneira nenhuma; por nada do mundo desejaríamos ser como elas.

Por exemplo, admiramos a moça órfã de pai que, sem queixar-se nunca, realiza sacrifícios grandes para sustentar a mãe e os outros irmãos menores: trabalha o dia inteiro a grande distância da sua casa, estuda à noite, faz tarefas extra no fim de semana, cuida da saúde da mãe, e, no meio disso, está alegre, bem disposta e não reclama da vida, acha tudo muito bom. Admiramos igualmente o homem que perdeu tudo, numa crise econômica, e está apertando o cinto, fazendo biscates, carecendo às vezes até do necessário, e, no entanto, mantém uma imensa confiança em Deus, transmite otimismo à família e vive preocupando-se de ajudar os outros. Admiramos ainda o doente incurável que, no meio de dores intensas, em vez de gemer, sorri; e em vez de revoltar-se, oferece os seus sofrimentos a Deus, pedindo que dê a graça e a paz aos que se desesperam.

Admiramos, sim, essas pessoas, mas não temos inveja nenhuma da sua situação. Vale a pena, por isso, pensar: o que é que nelas nos causa admiração? Sem dúvida, as qualidades *morais*, a grandeza *espiritual*. Em situações-limite, em circunstâncias penosas e até trágicas, tiveram uma elevação espiritual e moral fantástica, uma realização humana altíssima: desenvolveram ao máximo a sua fé, o amor, a esperança, a generosidade, a fortaleza, o otimismo..., tudo o que dá plenitude a um ser humano. Os limites que a vida lhes impôs não só não lhes abafaram a alma, como foram a mola que a projetou até as alturas.

Não percebemos? Essas pessoas provam-nos que não há nada, por tremendo que seja, que possa impedir a realização mais importante do ser humano: a interior, a espiritual, a moral. Assim foram os santos. E por isso dizíamos no começo deste capítulo que Deus nos deu *todas* as coisas necessárias para a nossa realização. Ele no-las dá a cada instante da nossa vida.

Avançando sobre rodas

Como ilustração viva do que acabamos de considerar, vamos contemplar brevemente uma história tocante de grande realização na máxima limitação.

O Pe. Luís de Moya tinha 38 anos quando sofreu um grave acidente de automóvel. No dia 2 de abril de 1991, acharam-no desacordado entre as ferragens de um carro arrebentado contra uma árvore. Levado urgentemente à clínica da Universidade de Navarra, em Pamplona — o acidente ocorrera a 50 quilômetros dessa cidade, onde o Pe. Luís residia —, constatou-se uma lesão medular grave, que trouxe como consequência a perda total da sensibilidade e da motricidade praticamente do corpo inteiro: do pescoço aos pés.

Humanamente, era o fim de uma vida intensa como capelão da Escola de Arquitetura e de um colégio universitário, como professor de Teologia Moral, orientador de numerosos retiros e cursos de formação para estudantes e professores, etc. Paralítico, imobilizado no leito do hospital, apenas podia mexer levemente a cabeça; o resto do corpo estava como um tronco inerte.

A história da fé e da coragem com que enfrentou a sua situação foi escrita por ele, a pedido do seu diretor espiritual, usando um computador acionado por impulsos — sopros — feitos com a boca[2].

---

(2) Luís de Moya, *Sobre la marcha*, Edibesa, Madri, 1996.

Movido pela fé em Deus e o amor à sua vocação, o Pe. Luís — sem nunca recuperar movimento algum, pois isso era impossível — aprendeu a manobrar — também com movimentos da cabeça e da boca — uma cadeira de rodas; sobrepôs-se às suas limitações e, em 1995, já tinha reassumido *todas* as suas antigas tarefas: professor, capelão, diretor espiritual, confessor...

Melhor dizendo, não só reassumiu as tarefas anteriores, como Deus se serviu da sua limitação para que desse ainda mais frutos, realizando um fecundo apostolado com outros deficientes como ele. De palavra, por carta, por meio do livro, o Pe. Luís levou muitos homens e mulheres do desespero à alegria de viver e de serem úteis. Há uma coleção de testemunhos, neste sentido, que comovem até às lágrimas. Basta transcrever as palavras agradecidas de uma tetraplégica como ele: «Pe. Luís, o senhor vai pela vida na sua cadeira de rodas puxando atrás de si muitíssima gente»[3].

Para descobrir o segredo dessa admirável virada, nada melhor do que ler alguns trechos do depoimento do sacerdote:

«Parecia-me — diz no seu relato — que, tendo a cabeça boa e querendo-o assim, eu podia continuar a ser, no que é fundamental, o mesmo de antes, se pusesse da minha parte todo o empenho possível em cada momento [...].

«Eu não podia, não devia procurar apenas sentir-me cômodo ou o menos contrariado possível entre as minhas quatro paredes, como se não pudesse fazer mais nada, como se já ninguém esperasse nada de mim. Se eu tivesse caído nesse raciocínio, teria condenado a minha vida ao perpétuo lamento. Mas consentir nessa visão tão negativa

---

(3) *Idem*, p. 205.

da minha situação significaria — além de compactuar com uma falsidade — autocondenar-me ao vitimismo. Ir pelo mundo com complexo de vítima, como que a provocar pena, afigurava-se-me pouco galhardo e um tanto falso, porque via com clareza que, tendo a cabeça sã, não havia razão para não a utilizar com proveito.

«De modo que o horizonte da minha vida continuou a estar onde sempre tinha estado porque, no que é fundamental, eu não tinha mudado»[4].

Eis o segredo do Pe. Luís: a convicção, fruto da fé, de que, *no que é fundamental* — na alma, no amor, no ideal, na alegria de servir a Deus e ao próximo —, *nada tinha mudado*. Está tudo dito. E é um convite a largar tantas preocupações e invejas, tantos desgastes inúteis com o que é *acidental* e a voltar-nos com todas

---

(4) *Idem*, pp. 53 e 55.

as nossas forças para o que é *essencial, fundamental*.

Em suma, o Pe. Luís, como outros muitos que tiveram atitudes semelhantes à dele, dá-nos uma lição de *fidelidade à vida*, ou seja, de fidelidade à Vontade de Deus, ao que Deus espera de cada um na vida, que é a única coisa que importa.

TERCEIRA PORTA: O AMOR GENEROSO

Contra inveja, caridade

No pequeno catecismo da primeira Comunhão, ao lado de cada pecado capital indicava-se o antídoto, ou seja, a virtude contrária: *contra soberba, humildade; ...contra gula, temperança; ...contra inveja, caridade.*

Contra inveja, caridade! O contraste entre inveja e caridade expressa-o bem São Tomás de Aquino com estas palavras: «A inveja, por razão do seu objeto, é contrária à caridade — ao amor —, que é a fonte da vida espiritual da alma, conforme lemos na primeira epístola de

São João, cap. 3, vers. 14: *Nós sabemos que passamos da morte para a vida porque amamos os irmãos*. A caridade, com efeito, tal como a inveja, tem por objeto o bem do próximo, mas move-se em sentido inverso ao da inveja, pois a caridade alegra-se com o bem do próximo; a inveja, pelo contrário, se entristece»[1].

A *caridade*, antídoto da inveja, de que aqui fala o santo Doutor, é o amor cristão, aquele que o *Catecismo da Igreja Católica* descreve como a virtude «pela qual amamos a Deus sobre todas as coisas, por si mesmo, e ao nosso próximo como a nós, por amor de Deus»[2]. Como é evidente, quanto maior amor a Deus e ao próximo houver no nosso coração, menos espaço haverá nele para a inveja.

Mas o âmbito da caridade é muito vasto, tem múltiplas manifestações e

---

(1) *Suma Teológica*, II-II, q. 36, art. 3.

(2) *Catecismo da Igreja Católica*, n. 1822.

agora não é o caso de vê-las todas. Nestas próximas páginas vamos restringir-nos a considerar alguns dos aspectos fundamentais da caridade que *são mais diretamente contrários à inveja*, e que, portanto, quando praticados, são a melhor cura da inveja: os relacionados com a *alegria que nos causa o bem do próximo*.

Reconhecer com alegria

O verdadeiro amor — a caridade — faz com que, em vez de vermos as coisas boas dos outros como uma sombra que nos entristece, as vejamos como uma luz que nos alegra. Quando vivemos a caridade, ficamos felizes ao olhar para o bem dos outros (como é bom que tenham coisas boas, sejam bons, sejam queridos, vivam bem e estejam alegres!). E, além disso, em bastantes casos nos sentimos também intimamente agradecidos, *por reconhecer com alegria* que essas qualidades boas dos que convivem e trabalham conosco nos fazem um grande bem, nos ajudam, nos facilitam a vida e nos trazem felicidade.

Acontece, porém, que *reconhecer* não é fácil. Há pessoas que, durante anos e anos, vivem sem se dar conta dos grandes benefícios que recebem, diariamente, daqueles que têm mais perto. Não são capazes de valorizar, por exemplo, a bênção que é para eles o carinho e a dedicação dos pais, ou — no caso dos esposos — o sacrifício constante, até mesmo heroico, da esposa ou do marido. Vivem como toupeiras cegas, usufruindo da bondade e da generosidade dos que os cercam sem se aperceberem disso; e, o que é pior, tratando-os asperamente, sem manifestar quase nunca o seu agradecimento, esquecendo-se de retribuir-lhes o carinho e, pelo contrário, reclamando a toda a hora.

Enquanto nós estamos respirando, nem pensamos no valor que tem o oxigênio; só quando nos falta o ar é que tomamos consciência da sua necessidade vital. Da mesma maneira, há muitos e muitas que só percebem o valor do carinho, das atenções, da abnegação, da paciência dos outros quando estes lhes faltam, quando morrem. Só então se lhes acende a luz: um clarão impregnado de tristeza, de remorsos e de lágrimas: Como fui cego! — dizem. — Como não percebia quanto a minha mulher, o meu marido, o meu irmão, significava para mim? Como é possível que não valorizasse a colaboração daquele colega, ou o exemplo de categoria espiritual e moral que me dava a minha filha, que eu tratei tão mal?»

Deus poderia dizer-lhes, com toda a justiça: «Por ter sido egoísta, por ter ficado tão fechado em si, não foi capaz de desfrutar dos tesouros de alegria que lhe proporcionavam os que Eu pus a seu lado».

Aprender com alegria

Acabamos de mencionar de passagem o *bom exemplo* de uma filha, que o pai, infelizmente, não soube apreciar enquanto ela vivia. Vamos refletir brevemente, a propósito disso, sobre um outro aspecto do *amor que se alegra com o bem alheio*, daquela caridade que está nos antípodas da inveja: a *alegria de aprender* dos outros.

Quem aprecia os bons exemplos não tem olhos de inveja, mas de admiração afetuosa. Contempla o *bem dos outros*, concretamente as suas qualidades e virtudes, não como um contraste humilhante para si, mas como um *ideal amável a imitar*.

Não posso deixar de lembrar-me, a este respeito, de como me impressionou sempre a alegria refrescante com que São Josemaria Escrivá olhava para as coisas boas dos outros. Ao longo de alguns anos, nos contatos que tive a graça de manter com ele enquanto fazia, em Roma, estudos de pós-graduação, vi-o sempre com sede de aprender dos outros: não só dos que eram considerados bons ou excepcionais, mas de todos, inclusive de pessoas de vida bastante pouco perfeita. Em todos achava algo de bom que aprender. E recomendava que se procedesse do mesmo modo: «Aprenderemos a descobrir — escrevia — muitas virtudes naqueles que nos rodeiam — dão-nos lições de trabalho, de abnegação, de alegria... —, e não nos deteremos demasiado nos seus defeitos, a não ser quando for imprescindível para os ajudarmos com a correção fraterna»[3].

Essa atitude de São Josemaria fazia-me recordar um conhecido relato dos primeiros séculos do cristianismo, que

---

(3) Josemaria Escrivá, *Amigos de Deus*, Quadrante, São Paulo, 3ª ed., 2014, n. 20.

não pertence aos Evangelhos autênticos, mas que, sem dúvida, lhes reflete o espírito. Conta-se que certa vez ia Jesus com os seus discípulos por uma estrada e, num dado momento, os que caminhavam à frente tentaram desviá-lo de um espetáculo repugnante: o corpo já em decomposição de um cachorro morto. Diz a lenda que Cristo fez questão de se aproximar e, parando junto do cão, comentou apenas: «Vejam como são brancos os seus dentes! Parecem pérolas!»

Nunca vi Mons. Escrivá desprezar ninguém, nem desclassificar pessoa alguma, mesmo que lhe tivesse causado um mal. «Cada alma — repetia sem cessar — vale todo o sangue de Cristo!»

Logo que chegou ao Brasil, em maio de 1974, para uma curta estadia de quinze dias, desceu do avião dizendo-nos: «Vim ao Brasil para aprender». E, ao longo daquelas duas semanas, repetiu palavras semelhantes a essas com uma sinceridade comovente e um entusiasmo contagiante. Lembro-me bem de que, num dos seus primeiros encontros com grupos numerosos de pessoas, começou dizendo: «Vim ao Brasil para aprender. Alguns vêm do Velho Mundo e dizem que vêm ensinar. Não! Eu vim aprender. Cheguei há quarenta e oito horas e já aprendi muitas coisas». E era assim mesmo. Todos os dias achava, naqueles que ia conhecendo, coisas boas, simpáticas, exemplares, sugestivas, de que tirava lições encantadoras para a sua vida e para a sua pregação.

Saber aprender

Será que nós reconhecemos assim as coisas boas, os *bens*, dos outros? Alegramo-nos assim? Aprendemos assim?

Seria muito útil aprofundarmos nisto, fazendo uma reflexão pessoal.

Comecemos pensando nas coisas *boas* daqueles que vivem e trabalham conosco, que nos saltam mais aos olhos, e perguntemo-nos quantas vezes temos pensado nelas com alegria, com admiração, com desejos de imitá-las; e quantas vezes temos agradecido a essas pessoas o bem que nos fazem os seus bons exemplos.

A seguir, recordemos as coisas dos outros que nos incomodam, que nos aborrecem, que nos despertam críticas. Talvez fiquemos estarrecidos se pusermos diante dos olhos a lista — nada pequena — das nossas queixas e reclamações; faltariam dedos nas duas mãos, mesmo fazendo várias «rodadas», para contá-las todas.

Que desproporção entre o que admiramos e o que criticamos! Não há aí uma injustiça? Não nos envergonha sermos assim?

Muitas vezes, infelizmente, pode aplicar-se a nós aquela comparação do carro que, deixando a pista bela e limpa, se mete pelas poças da beira da estrada e fica sem visibilidade, com o para-brisa coberto pelos salpicões de lama. Coisa parecida é a que fazemos quando chafurdamos nas poças do nosso egoísmo, do nosso mau humor, das nossas exigências rabugentas, das nossas críticas monótonas: os olhos nos ficam cheios de *lama*, e o valor dos outros, o seu exemplo, as alegrias que podem dar-nos e ensinar-nos permanecem encobertas.

Aprendamos mais e agradeçamos mais. Seria ótimo que nos propuséssemos retribuir aos que convivem conosco, todos os dias, as *coisas boas* que nos proporcionam, com um sorriso expressivo, com umas palavras amáveis, com um serviço discreto, com uma atenção delicada, com uma mudança de atitude que mostrasse que aprendemos as belas lições que nos dão com os seus bons exemplos. Eles merecem isso.

Não comparar-nos, servir

Continuemos as nossas reflexões sobre a caridade que, ao contrário da inveja, *se alegra com as coisas boas dos outros*. Focalizemos agora — para extrair daí outra lição — um caso de inveja triste que se deu entre os Apóstolos de Cristo. É um consolo para nós, cheios de defeitos, que eles também tenham sentido a tentação da inveja, tenham fraquejado e tenham tido que lutar; e, ao mesmo tempo, é algo que nos oferece um grande ensinamento sobre o *amor generoso*.

Aconteceu que, indo Jesus a caminho de Jerusalém com os seus discípulos, chegaram-se a Ele dois irmãos, Tiago e João, acompanhados pela mãe, Salomé, uma das mulheres que seguiam e serviam o Senhor (cf. Mc 15, 40). A mãe adotou um ar solene, um olhar suplicante: *Prostrou-se diante de Jesus, para lhe fazer um pedido*. E que pediu? O melhor para os filhos, como é próprio de uma mãe: *Ordena que estes meus dois filhos se sentem no teu reino, um à tua direita e outro à tua esquerda*. Nada menos! Pedia os dois primeiros lugares naquele reino que tanto ela como os filhos ainda imaginavam como um reino terreno.

Jesus olhou-a, imagino que carinhosamente divertido. Sorrindo, dirigiu-se aos dois que tinham vindo conchavados com a mãe, e disse-lhes: *Não sabeis o que pedis. Podeis vós beber o cálice que eu devo beber?* Cristo ia ser, certamente, rei, mas o seu reino seria conquistado pela Cruz, por meio da sua entrega redentora. Eles não sabiam ainda o que isso significava, saberiam mais tarde; mas, mesmo assim, com simplicidade inconsciente, respondem sem hesitar: *Podemos*! Como que a dizer: «Estamos dispostos a tudo, contanto que nos tenhas, no reino, como homens de confiança, bem perto de ti».

E é aí que aparece a inveja. E irrompe de modo feio. *Os dez outros* [Apóstolos], *que haviam ouvido tudo, indignaram-se contra os dois irmãos*. Pronto, já estava armada a briga. O Evangelho não a descreve com detalhes, mas todos sabemos as caras que fazemos, as palavras que dizemos e o tom com que falamos quando estamos morrendo de raiva. No caso, morrendo de inveja: «Quem pensam que são *esses dois*, que querem passar à frente de todos nós, e ainda por cima com artimanhas de politicagem materna?»

Jesus, calmo e entristecido pelo espetáculo, chamou-os. E disse-lhes: *Sabeis que os chefes das nações as subjugam, e que os grandes as governam com autoridade. Não seja assim entre vós. Todo aquele que quiser tornar-se grande entre vós faça-se vosso servo. E o que quiser tornar-se entre vós o primeiro faça-se vosso escravo. Assim como o Filho do homem — o próprio Jesus — veio, não para ser servido, mas para servir e dar a sua vida em resgate por uma multidão* (Mt 20, 20-28).

A ambição dos dois irmãos, e a explosão de inveja dos outros dez, deram ensejo ao Senhor para expor uma das lições mais belas do Evangelho: o espírito de serviço. Por outras palavras, diz-lhes: «Não se comparem, para ver se um é mais do que o outro; não se deixem arrastar pela inveja; pelo contrário, a sua ambição deve ser dar-se totalmente e servir, por amor, como Eu faço. Aí encontrarão a felicidade: servindo e dando alegrias, e não procurando a alegria vaidosa de ser mais que todos».

Para servir, servir

Nos meus anos romanos, inúmeras vezes estive numa sala de estar onde havia um abajur decorado, na cúpula, com a seguinte inscrição italiana: *Per servire,*

servire — «Para servir, servir». A mensagem era clara: para termos o espírito de serviço que é próprio do cristão, devemos pôr-nos em condições de ser úteis, e estar dispostos a servir realmente: duas coisas que se expressam com a mesma palavra *servir*.

Com efeito, *servir* significa, em primeiro lugar, que alguém é útil, serve, presta; da mesma maneira que dizemos das coisas materiais: «esta ferramenta serve; esse tecido não presta, não tem serventia». *Para servir*, é preciso ter qualificação, preparo, condições pessoais para poder prestar determinados serviços.

Numa segunda acepção, o verbo *servir* indica o ato e o espírito de serviço: a atitude da pessoa prestativa, serviçal, dedicada, sacrificada. Para servir..., o único jeito é dedicar-se, servir mesmo.

Em ambos os sentidos, servir é caminhar na contramão do egocentrismo e da inveja; é esforçar-se com generosidade em colaborar com o bem e a alegria dos outros.

Exame de consciência

Tendo presente o que acabamos de ver, talvez nos sirva de ajuda fazer um exame de consciência — mais um, sim — sobre como vivemos os dois sentidos desse verbo *servir*.

Primeiro: por que são tantas as ocasiões em que dizemos: «Não sei fazer, não tenho jeito, não tenho condições»? É lógico que não saibamos fazer tudo nem sejamos aptos para todas as tarefas. Mas há muitas coisas que *deveríamos saber fazer*. Por exemplo, um pai e uma mãe *deveriam saber* educar os filhos e, se não sabem, é porque não se deram ao trabalho de aprender, de formar-se, de preparar-se (o que é, para eles, um dever grave). Outro exemplo: uma mãe de família, por mais que tenha que trabalhar fora de casa, *deveria saber* cuidar com primor de todas as coisas que tornam um lar agradável, aconchegante e bem cuidado. Que pena ver mães com os filhos desleixados, mães que não sabem nem proporcionar uma comida variada e gostosa, nem frigir um ovo, nem meter a roupa na máquina de lavar sem que saia desfiada e desbotada. Se a mãe não sabe, é porque não foi responsável: deveria ter-se preparado. A sua inaptidão e despreparo *rouba* alegrias que deveria dar à família.

Segundo: assim como é muito cômodo *não saber* fazer as coisas, também é muito cômodo saber fazê-las, mas «ficar na moita», esconder-se, mascarar-se, omitir-se. Estamos no segundo sentido da palavra *servir*.

Será que já percebemos a *enorme capacidade inativa de ajudar* (portanto, de servir), que todos nós temos? Que acha se pegássemos mais uma vez (para não ficarmos na teoria) um papel e um lápis e fizéssemos uma lista — em várias colunas — com as nossas possibilidades? Por exemplo, as seguintes:

— Primeira coluna: Pequenos serviços que eu poderia prestar, se fosse generoso, às pessoas da minha casa (pensando em todas elas, uma por uma). Serviços materiais (ordem, tarefas, compras, limpeza, atendimento da porta, do telefone, etc.) que posso fazer. Ajuda no estudo dos filhos. Auxílios mais profundos, de orientação, de aconselhamento moral e espiritual, de formação nas virtudes, que poderia dar e não dou...

— Segunda coluna: Pequenos serviços que poderia prestar — além dos «grandes» serviços do próprio trabalho — no meu ambiente profissional. Modos possíveis de auxiliar, facilitar e tornar mais amável o trabalho a colegas e subordinados. Será que podem contar comigo, se estão atribulados? Sabem que estou disposto a ouvir, e por isso me confidenciam as suas dificuldades?

— Terceira coluna: E no clube, no time de futebol, na turma de pescadores, na do *mountain-bike*, na dos integrantes da banda, será que não poderia ser mais prestativo, ter mais iniciativas, ser um apoio maior, *dar o couro* quando é preciso preparar festas, churrascos e outros bons momentos?

— Quarta coluna: E com os necessitados, com os que sofrem? Que faço? Digo que não *posso* fazer nada, a não ser dar esmolas de vez em quando, uma contribuição para o orfanato e o dízimo na igreja? Digo que *não sei* falar, ensinar, dar aula e, por isso, não posso prestar serviços? Mas... posso visitar doentes. Posso fazer visitas a algum hospital ou asilo. Posso prestar algum serviço social (uma vez por semana, uma vez por mês...), baseado nos meus conhecimentos profissionais (assessoria jurídica gratuita, assistência médica ou dentária, assistência técnica para a construção de casinhas populares, aulas de complementação, etc., etc.).

Há, sem dúvida, outras colunas, que cada qual pode descobrir sozinho e preencher; mas sejam quantas forem, o que importa é tirar delas propósitos concretos de servir mais, muito mais, conscientes de que assim daremos as alegrias *que devemos* aos outros, e ao mesmo tempo, nesse nosso coração que irá ficando mais cheio da alegria de servir, a inveja não achará espaço para lançar as suas raízes.

A alegria de perdoar

Há ainda uma manifestação de *amor generoso* que devemos considerar com atenção, porque talvez seja o cume mais alto e puro da *alegria causada pelo bem dos outros*. É a de saber perdoar.

Cristo, na parábola do filho pródigo, apresenta-nos a figura de um invejoso, tomado de ira e rancor porque não sabe perdoar: o irmão do filho pródigo.

Um pai tinha dois filhos... (Lc 15, 11-32). A parábola — lembramo-nos bem dela — focaliza principalmente os sonhos egoístas, o afundamento moral e o arrependimento do mais novo, do *filho pródigo*. Poucas páginas da Sagrada Escritura tocam tão profundamente o coração como as que descrevem o regresso desse moço perdido e a efusão de ternura amorosa com que o pai o acolhe, o perdoa e o restitui à plena dignidade de filho: *Façamos uma festa; este meu filho estava morto e reviveu; tinha-se perdido e foi achado.*

O pai da parábola simboliza Deus. Antes de falar-nos dele, Cristo tinha contado outras duas parábolas — a da ovelha extraviada e a da moeda perdida (Lc 15, 1-10) —, ambas sobre a maravilha inefável do perdão divino. E essas duas parábolas terminam, respectivamente, com os seguintes comentários: — *Digo-vos que haverá maior alegria no céu por um só pecador que fizer penitência do que por noventa e nove justos que não necessitam de arrependimento.* — *Digo-vos que haverá alegria entre os anjos de Deus por um só pecador que se arrependa.*

Jesus Cristo faz questão de repisar que a *maior alegria* que há no céu — a que faz os anjos estremecer de júbilo — é a conversão de um pecador: é a alegria de ver que o infeliz que tinha ofendido gravemente a Deus, separando-se dEle e atirando-se ao abismo da morte espiritual, se arrepende, é recuperado, pode ser abraçado como filho por Deus Pai e tornar-se feliz para sempre com Ele.

Deus não *guarda* ressentimento pelas nossas ofensas. Quando nos arrependemos sinceramente, a sua maior alegria é poder dar-nos os *bens verdadeiros* que tínhamos perdido — a graça, a vida da alma, a paz — e fazer-nos eternamente felizes. Deus é a suprema antítese da inveja.

A comparação do invejoso

Mas, enquanto o pai estava comemorando com uma grande festa a recuperação do filho perdido, o outro chega do trabalho: *O filho mais velho estava no campo. Ao voltar e aproximar-se da casa, ouviu a música e as danças*. Estranhou aquela celebração insólita e perguntou a um empregado o que era aquilo. Quando ficou sabendo, *encolerizou-se e não queria entrar*. O modo amoroso como o pai acolheu o filho infiel atingiu-o como um soco na cara.

Não só não se alegrou com a volta do irmão, como se enfureceu e se recusou a entrar. Saiu então o pai para rogar-lhe que o acompanhasse, que participasse da sua imensa alegria. Mas o rapaz retrucou, pondo a nu a inveja que o dominava: *Há tantos anos que te sirvo, sem jamais transgredir ordem alguma tua, e nunca me deste um cabrito para festejar com os meus amigos. E agora que voltou este teu filho, que gastou os teus bens com as prostitutas, logo lhe mandaste matar um novilho gordo.*

Aqui temos a inveja, com os seus traços mais característicos: a comparação com os outros, a raiva de que eles recebam carinho e bens que a nós não nos foram dados; no caso da parábola, achar injusto o que não era injustiça, mas efusão de amor generoso de um pai que amava por igual ambos os filhos.

O pai, com carinho e paciência, tenta recuperar também o invejoso: *Filho, tu sempre estás comigo, e tudo o que é meu é teu. Convinha, porém, fazermos uma festa, pois este teu irmão estava morto e reviveu; tinha-se perdido e foi achado.*

Dentre as muitas luzes que brilham nesta bela passagem do Evangelho, vamos destacar agora apenas duas, mais relacionadas com o tema destas páginas.

A maior alegria na terra

Em primeiro lugar, Cristo nos ensina que a nossa maior alegria na terra deveria ser semelhante à *alegria do céu:* o júbilo de ver que alguém que estava *perdido* se recupera e volta ao caminho do *bem*. Alegria também no caso de que essa pessoa nos tenha ofendido e feito sofrer: justamente, na parábola, o pai que perdoa é aquele a quem o filho abandonou, desprezou, ofendeu.

Uma alegria como essa só pode brotar de um coração *generoso e bom* (Lc 8, 15), que saiba perdoar. Manter o ressentimento e *não querer entrar na festa do perdão*, como fez o irmão do pródigo, equivale a manter um foco de infecção que destrói a caridade.

Pensemos agora em certos problemas familiares, infelizmente não raros. Concretamente, no caso da esposa que não é capaz de perdoar o marido infiel que está desejando retornar *sinceramente* arrependido. Ou no caso contrário da esposa que traiu e, caindo em si — como o filho pródigo —, pediu *sinceramente* perdão e quer reparar o mal feito. Por que não há perdão? Porque o ofendido, ao contrário do pai do pródigo, pensa acima de tudo nas suas mágoas, nas alegrias que o outro lhe roubou, nas humilhações a que o submeteu, e guarda um atroz ressentimento; com isso, torna-se incapaz de participar da alegria do perdão, que exulta colaborando para que aquele que *estava morto, reviva* (cf. Lc 15, 24).

No bojo dessa amargura, há também uma forma especialmente dolorosa de *inveja*: a queimadura do ciúme. A mulher preterida por outra, é natural que sinta a humilhação e o ciúme como um ferro em brasa na alma. Tem razão: foi injustamente enganada, vilmente traída. Mas — é preciso insistir — Cristo escolhe como modelo de coração que perdoa o pai do filho pródigo, esse pai que foi traído. Ele é quem abre ao infiel o coração e o lar, ele é quem faz tudo para ajudá-lo a iniciar uma vida nova, ele é o modelo da *alegria de perdoar*.

A alegria dos bens espirituais

Ainda podemos vislumbrar na parábola uma segunda luz, relacionada com o amor generoso.

O pai do filho pródigo tem, dentro do coração, um amor impaciente por dar-se. Antes de que o filho dê sinais de regresso, já está à sua espera com as portas e o coração abertos (Lc 15, 20). Quando, finalmente, pode extravasar esse amor em forma de perdão, não só não perde esse seu amor ao dá-lo, como, pelo contrário, se lhe torna ainda maior.

Com uma atitude oposta, o filho mais velho tem, dentro do coração, a mágoa daquilo que não recebeu — o famoso «cabrito»! — e o compara com a festa e o «novilho gordo» que foi dado ao irmão vagabundo (cf. Lc 15, 29-30).

Indo ao miolo desses dois corações, percebemos que o pai tem as suas alegrias ligadas aos *bens espirituais*, como são o amor, o bem, a salvação espiritual do filho. E o irmão mais velho, pelo contrário, parece ter as suas alegrias presas aos *bens materiais*.

Sobre esses dois tipos de bens, São Tomas de Aquino comenta, com a sua habitual lucidez, que os materiais dividem os homens e são motivo de inveja porque não podem pertencer a dois *íntegra e simultaneamente*. A mesma fruta que eu como, você não come. A mesma roupa que eu uso, você não usa. Pelo contrário, os bens espirituais podem ser participados por muitos simultaneamente sem que se gastem, antes aumentando. Por exemplo, o professor que transmite o seu saber, não o perde ao fazer os outros participarem do mesmo. Igualmente o bom cristão tem suma alegria em que haja quem participe dos bens da sua fé e do seu amor, que, quanto mais transmite aos outros, mais aumentam também nele[4].

Por isso, a pessoa voltada para bens *espirituais* (no seu amplo sentido de ideais, valores e bens religiosos, culturais, patrióticos, educativos, sociais...) é *menos propensa à inveja*, porque está preparada para compartilhar os seus bens e alegrias.

É uma grande verdade que, quanto mais os ideais e aspirações da vida estão voltados para os bens espirituais

---

(4) Cf. *Suma Teológica*, I-II, q. 28, a. 4.

puros — não egoístas —, há mais alegrias e menos inveja. O santo não inveja ninguém, só quer levar a todos a graça e as bênçãos de Deus. O idealista social só quer que todos conheçam e partilhem os seus projetos de justiça e paz. O formador de educadores alegra-se de entregar a sua experiência a muitos. O amante da música clássica vibra de alegria quando pode repartir o seu gosto pela boa música entre muitos. E todos eles, dando do que é seu, se enriquecem.

Como é diferente o quadro dos que estão voltados para os bens materiais! Basta lembrar o lamentável espetáculo de irmãos brigando, com ódios irreconciliáveis, na hora da partilha da herança paterna: cada um reivindicando o que coube a outro. A cupidez de bens materiais acende fogueiras destrutoras de inveja. Estamos no extremo contrário do amor generoso.

Pois, então, com a ajuda destas luzes que acabamos de captar, valerá a pena que, se notarmos por dentro o verme roedor da inveja, nos perguntemos: — «Não será que estou preso demais aos bens e vaidades materiais? Não é a minha inveja a sombra do meu egoísmo e da minha cupidez? Não sou vítima da inveja justamente pelo vazio de bens espirituais? Não está na hora de uma reviravolta significativa dos valores da minha vida?»

Dessa reviravolta libertadora vamos ocupar-nos no capítulo que vem a seguir.

QUARTA PORTA: AS BEM-AVENTURANÇAS

Onde está a felicidade?

«Todos certamente queremos ser felizes — escrevia Santo Agostinho — e não existe no gênero humano pessoa que não concorde com esta proposição, mesmo antes de ser formulada por inteiro»[1].

Todos buscamos a felicidade, mas poucos a encontram. É que a maioria a procura no lugar errado e de modo errado.

Isso é o que — como estivemos vendo — acontece com o invejoso. Erra

---

(1) Santo Agostinho, *De moribus ecclesiae catholicae*, 1, 3, 4.

duplamente: primeiro, porque procura a felicidade na horta do vizinho; segundo, porque vai atrás de uma felicidade fantasma, que o mundo não pode dar. Algo disso apontávamos no fim do capítulo anterior e meditaremos a seguir.

No invejoso, cumpre-se ao pé da letra o que afirma o Livro da Sabedoria: *A fascinação das bagatelas obscurece as coisas boas* (Sb 4, 12). Hipnotizado pelas aparências, julga que será feliz com os prazeres e as vaidades mundanas. Sofre por não tê-los, e quando os obtém, sofre porque o decepcionam e não duram.

Essa é a *curva de Gauss* da atual sociedade hedonista e consumista. Começa por atirar-se sofregamente ao dinheiro — obtido por meios honestos ou excusos —, aos prazeres e às vaidades, mas essa fogueira crepitante não demora em transformar-se nas cinzas do desencanto, da depressão ou da fuga (drogas, bebida, suicídio).

Fazendo um retrato moral da sociedade hedonista, Mons. Escrivá dizia em São Paulo, em 1974: «O Senhor deseja que permaneçamos neste mundo — que agora está tão agitado, onde se ouvem clamores de luxúria, de desobediência, de rebeldia que não levam a parte nenhuma —, para ensinarmos as pessoas a viver com alegria. A gente está triste. Fazem muito barulho, cantam, dançam, gritam, mas soluçam. No fundo do coração, só têm lágrimas: não são felizes, são desgraçados. E o Senhor, a vocês e a mim, nos quer felizes»[2].

Cristo quer que os filhos de Deus sejamos felizes e semeemos pelo mundo a alegria e a paz. E, além disso, nos mostra o caminho para o conseguirmos.

---

(2) Salvador Bernal, *Perfil do Fundador do Opus Dei*, Quadrante, São Paulo, 1978, pág. 264.

O Senhor nos quer felizes

O início da pregação de Jesus Cristo é o Sermão da Montanha (Mt 5, 1 e segs.), que constitui como que a *carta magna* do Evangelho, a formulação das bases da mensagem cristã.

Abramos o texto de São Mateus pelo capítulo quinto e leiamos: *Vendo aquelas multidões, Jesus subiu à montanha. Sentou-se e seus discípulos aproximaram-se dele. Então abriu a boca e lhes ensinava dizendo: Bem-aventurados...*

Bem-aventurados... Felizes!...

Não é difícil imaginar os olhos ansiosos, o ouvido atento, o silêncio tenso com que a multidão o escutava. O Mestre estava falando da felicidade, ia mostrar os caminhos da felicidade!

Essa sôfrega expectativa, segundos depois se transformou em estupor. Porque os caminhos de felicidade que Jesus anunciava, que Jesus prometia como dom de Deus, estavam exatamente na contramão dos rumos por onde os homens costumam procurá-la. Vejamos.

Bem-aventurados os que têm um coração de pobre, porque deles é o reino dos céus. Jesus ensina que a felicidade está em ser desprendido das coisas materiais, em ser pobre em espírito; o mundo diz que a felicidade está na riqueza.

Bem-aventurados os que choram, porque serão consolados. Jesus ensina que serão felizes os que choram com as lágrimas amorosas do sacrifício, da compaixão pelos que sofrem e do arrependimento; e o mundo diz que serão felizes os que riem e bebem e fogem da dor e da cruz.

Bem-aventurados os mansos, porque possuirão a terra. Jesus ensina que serão felizes os que têm humildade e, com grandeza de alma, sabem suportar pacientemente os defeitos dos outros.

O mundo diz: Felizes os dominadores, os orgulhosos, os prepotentes.

Bem-aventurados os que têm fome e sede de justiça — palavra que no Evangelho significa retidão, santidade —, *porque serão saciados*. Assim ensina Jesus. E o mundo? O mundo diz: Felizes os que têm fome e sede de sexo, dos prazeres da gula, das drogas, e da satisfação de todos os egoísmos.

Bem-aventurados os misericordiosos, porque alcançarão misericórdia. Jesus ensina: Felizes os que compreendem, desculpam e perdoam. O mundo diz: Perdoar é de fracos; se você andar perdoando, vão-lhe pisar em cima.

Bem-aventurados os corações puros, porque verão a Deus. Jesus ensina que a pureza de desejos e de conduta é fonte de felicidade. O mundo diz: Seja esperto e ria-se da pureza sexual, da fidelidade conjugal, da honestidade profissional e de todos os moralismos.

Bem-aventurados os pacíficos, porque serão chamados filhos de Deus. Jesus traz a paz ao mundo. O mundo, ansioso de prazer e afastado dos ensinamentos de Cristo, gera cada vez mais violência no lar, violência nas ruas, violência nas diversões, violência entre as nações; violência de crianças, violência de adolescentes, violência de velhos...

Bem-aventurados os que são perseguidos por causa da justiça — da retidão, da fidelidade a Deus —, *porque deles é o reino dos céus*. Jesus ensina: Felizes os que são fiéis à fé, à verdade de Deus, aos mandamentos de Deus, à autêntica doutrina cristã, sem se deixarem torcer pelo ambiente; e que estão dispostos a dar a vida antes que dizer que o erro é verdade, ou que o mal — o aborto, por exemplo — é um bem. O mundo diz: Felizes os que são aplaudidos, porque são «abertos» e tolerantes, porque são «avançados» e, por isso, compactuam com todas as mentiras, todas as crendices e todos os crimes e bandalheiras que a «sociedade» e a mídia hedonistas louvam e impõem. O mundo diz que ser fiel a Deus, ser coerente com a fé e levar a sério os princípios da moral, é estar fora da realidade e atrasar o progresso.

Os traços do rosto do Amor

Quem tem razão? O mundo ou Cristo? O mundo da violência, do sexo enlouquecido, da família despedaçada e da droga, ou Jesus Cristo, Deus e homem verdadeiro, *Caminho, Verdade e Vida* (Jo 14, 6)?

Abramos os olhos. Será que houve, nos nossos dias, alguma cantora de rock, alguma atriz de cinema ou alguma apresentadora de televisão que fosse mais *feliz* do que a Irmã Dulce da Bahia? A freira humilde e pobre, toda dedicada aos necessitados, era feliz no dia-a-dia — simples e sempre igual —

daquele seu orfanato, que flutuava com a força do amor sobre os vaivéns da falta de dinheiro. A monotonia desses dias sacrificados ficava a cada instante transfigurada em radiante novidade pelo amor dessa mulher a Deus, às crianças pobres e aos doentes, um amor que se *destilava* em desprendimento e abnegação, e que florescia numa imensa paz e uma inalterável alegria. Ela foi, mais que todas as famosas que sorriem nas capas das revistas, uma mulher feliz, *bem-aventurada*!

Amor que transborda em alegria: este é o segredo dos santos.

As Bem-aventuranças — que só os santos entendem bem porque as praticam — ensinam-nos as verdadeiras alegrias, que o mundo não vê nem conhece. Por quê? Porque o mundo só conhece o prazer, o egoísmo e a ambição; e, em contraste com isso, as oito Bem-aventuranças são as pinceladas espirituais que desenham o retrato do *Amor* total, abnegado, generoso e desprendido: o retrato de Cristo manso e humilde de coração, de Cristo que chora pelos pecados, que são o único *mal* do mundo, de Cristo voluntariamente pobre, de Cristo castíssimo e misericordioso, de Cristo que dá com o seu sangue testemunho da verdade...

Numa síntese profunda e feliz, o *Catecismo da Igreja Católica* ensina: «As Bem-aventuranças traçam a imagem de Cristo e descrevem a sua caridade; exprimem a vocação dos fiéis associados à glória da sua Paixão e Ressurreição; iluminam as ações e atitudes características da vida cristã; são promessas paradoxais que sustentam a esperança nas tribulações...»[3]

É um texto cheio de substância. Seria muito bom que cada um de nós, na soledade do seu diálogo íntimo com Deus,

---

(3) *Catecismo da Igreja Católica*, n. 1717.

meditasse devagar cada uma das suas frases.

Com a graça do Espírito Santo, não duvidemos de que podemos abrir os olhos e entender por que as Bem-aventuranças — tão contrárias ao pensamento e aos desejos do mundo — são as sinalizações certas para alcançar a felicidade sem engano nem fim.

A quem tem Deus, nada lhe falta

Por que estamos insistindo assim nas Bem-aventuranças? Não é difícil de adivinhar: porque têm muito a ver com a inveja; na realidade, têm tudo a ver.

Se bem nos lembramos, estas páginas começaram dizendo: «A inveja é triste, o invejoso é infeliz». Começamos falando da tristeza e terminamos falando da alegria, que está «do outro lado da inveja».

E, nesse «outro lado», a mensagem cristã das Bem-aventuranças proclama com força que o que faz feliz o homem, «criado por Deus e para Deus»[4], é atingir o seu fim: Deus, que *é o Amor* (1 Jo 4, 9). Por um paradoxo divino, nós, os filhos de Deus, só nos realizamos em plenitude quando nos esquecemos de nós mesmos, quando nos damos, quando trocamos o «eu» por Deus e o prazer pelo Amor. *Aquele que perder a sua vida encontrá-la-á* (Mt 16, 25). Quem se esquecer do seu «eu» egoísta, quem for desprendido e souber amar a Cristo e aos homens como Cristo, esse se encontrará a si mesmo e será feliz.

Com a sabedoria dos místicos, que acharam o tesouro escondido de Deus (Mt 13, 44), Santa Teresa de Ávila resumia: «A quem tem Deus, nada lhe falta». Por quê? Porque tem tudo, porque tudo é nada se faltar a única riqueza autêntica para o ser humano: o Amor com maiúscula, aquele Amor que *vem*

---

(4) *Idem*, n. 27.

de Deus (1 Jo 4, 7) e que — como Cristo — tem a alegria de *dar a vida pelos irmãos* (1 Jo 3, 16).

Então, se «nada lhe falta», é lógico que nada inveje. Nada tem a invejar, só tem muito a agradecer e a dar.

Eis o fulgor da sabedoria dos santos, a única luz capaz de orientar a nossa vida para a verdadeira alegria.

Fiquemos com essa luz, guardemo-la e meditemo-la devagar no nosso coração, como fazia Nossa Senhora (Lc 2, 19). E terminemos pedindo a Deus, com palavras de uma antiga e bela oração litúrgica: *Senhor, que unis os corações dos vossos fiéis num único desejo, fazei que o vosso povo ame o que mandais e espere o que prometeis, para que, no meio da instabilidade deste mundo, fixemos os nossos corações lá onde se encontram as verdadeiras alegrias*[5].

---

(5) *Oração do Domingo XXI do Tempo Comum.*

APÊNDICE

A título de apêndice, e como pequeno resumo das páginas anteriores, talvez nos ajude fazer um breve paralelismo, contrastando a inveja com as características da caridade, tal como São Paulo no-las descreve (1 Cor 13, 4-7):

A caridade é paciente, ao passo que a inveja é irritada, revoltada e impaciente.

A caridade é benigna, deseja o bem a todos, enquanto a inveja deseja e busca ativamente o mal para os outros.

A caridade não é jactanciosa, não se ensoberbece; a inveja nasce da soberba, de uma exaltação orgulhosa do próprio «eu».

A caridade não é descortês; a inveja pode simular a cortesia, mas falta-lhe o âmago dessa virtude, que é o desejo de servir e tornar amável a vida aos outros.

A caridade não é interesseira; a inveja só procura tirar vantagem de tudo e de todos.

A caridade não se irrita nem guarda rancor, ao passo que a inveja cultiva o ressentimento e chega a convertê-lo em ódio.

A caridade não se alegra na injustiça, mas compraz-se na verdade; a inveja compraz-se no infortúnio alheio e lança mão do fingimento e da calúnia.

A caridade tudo desculpa, a inveja tudo critica, tudo julga e condena.

A caridade tudo crê, o invejoso de tudo desconfia.

A caridade tudo espera, a inveja tudo combate e despreza.

A caridade tudo tolera, o invejoso não suporta nem aos outros nem a si mesmo; não sabe aceitar e amar a Vontade de Deus.

Contrastes entre inveja e caridade! Com que clareza nos mostram que, na vida, a inveja é morte, e a caridade, vida.

Não nos esqueçamos nunca de que, enquanto estivermos nesta terra, a caridade será sempre *o caminho mais excelente de todos* (1 Cor 12, 31), aquele que nos fará sintonizar com os sentimentos de Cristo e seguir os seus passos. Caminho amabilíssimo, que o Espírito Santo nos convida a seguir todos os dias, marcando-nos o rumo com palavras muito claras, como estas de São Paulo: *Nada façais por espírito de partido ou vanglória, mas que a humildade vos ensine a considerar os outros superiores a vós mesmos. Cada um tenha em vista não os seus próprios interesses, e sim os dos outros* (Fl 2, 3-4). E ainda: *Que a vossa caridade não seja fingida. Aborrecei o mal, apegai-vos solidamente ao bem.*

Amai-vos mutuamente com afeição terna e fraternal. Adiantai-vos em honrar uns aos outros [...]. Alegrai-vos com os que se alegram; chorai com os que choram (cf. Rm, 9-15).

Direção geral
Renata Ferlin Sugai

Direção editorial
Hugo Langone

Produção editorial
Juliana Amato
Ronaldo Vasconcelos
Daniel Araújo

Capa
Provazi Design

Diagramação
Sérgio Ramalho

ESTE LIVRO ACABOU DE SE IMPRIMIR
A 08 DE MARÇO DE 2025,
EM PAPEL OFFSET 75 g/m².